POVEȘTILE FRUNZELOR

POVEȘTILE FRUNZELOR

POEME de IUBIRE
V

DANIELA TOPÎRCEAN

POVEŞTILE FRUNZELOR
POEME de IUBIRE V

Traducere şi editare: Manuela Timofte
Copertă: Manuela Timofte
Prefaţă: Valeriu Marius Ciungan
Imagine copertă: https://www.pexels.com

Copyright © 2024 by Daniela Topîrcean

Disclaimer

No part of this publication may be reproduced or transmitted in any form or by any means, electronic or mechanical, including photocopy, recording, or any information storage and retrieval system, or transmitted by e-mail without permission in writing from the copyright owner.

This book is for entertainment purposes only.

Published by Daniela Topîrcean

Cuprins

Prefață

Poemele Danielei crează un univers propriu diafan, luminos, plin de cântece în surdină, armonie, rugăciune, inefabil, pace, toate impregnate de o iubire tăcută, ca sursă de energie latentă şi de justificare a existenţei acestui intim refugiu.

Iubirea e Creatorul, iar Creatorul dăruieşte iubire şi o răsfrânge în "secunde luminoase","simfonii albastre" şi în "dulci insomnii". Inclusiv autoarea este parte a acestei creaţii în poemul "Vas de lut": "mă modelezi tăcut/ mă îmbraci cu lumină/ mă încălzeşti în cuptorul/inimii Tale "

Cuplul prezent în mai toate poemele este unul abstract, ideatic, contopirea fiind mai mult una confesivă ca modalitate de redescoperire şi regăsire a sinelui prin iubire: "Rătăceau în mine/ despletite/ neliniştile Isoldei/ inocenţa Julietei/ înflorea-n privirea mea…/ ca o maree/ neliniştea primei iubiri/ îmi inunda/ ţărmul inimii/ sfidându-mi/ imponderabilitatea, aripile străvezii…/în mine rătăceau/ corăbii pierdute,/ fantome diafane,/ despletite,/ atrase printr-o tăcută rezonanţă…-poemul Rezonanţa.

Poemele sunt construite în oglindă "Ai apărut in acelaş anotimp auriu/ pierdut într-un vis de demult/ să sprijini oglinda tăcerilor tale/ zugrăvite-n albastru cuvânt, de tâmpla mea transparentă…- Oglinda, ceea ce amplifică trăirile, poeta încercând să desluşască şi să asume sentimentele iubitului până la contopire - "Lângă tine""Lasă-mi sufletul / lângă tine…/ lasă-mă să vin / mai aproape/ din lumea de ţărână / aripile să-mi scape…/ Învăluie-mă cu liniştea/ cu mantia ta / cu stelele si luna,/ uşor/ încercuieşte-mi/ cu iubirea/ oasele bolnave de dor/ să nu mai ştiu/ care eşti tu/ şi care sunt eu,/ să simt cum soarele/-arcuieşte lumina/ pe degetul meu…"

Unele poeme sunt atinse de o lamentaţie discretă, subterană, de un uşor abandon, de o vocaţie dulce - tragică a predestinării şi împăcării cu sine, poemul "Rugăciune": Spune-mi/ că nimic/ nu mai e de făcut/ spune-mi/ că tot ceea ce trebuie să fiu/ sunt." nevoia unei confirmări explicite fiind de fapt forma de răsvrătire prin vers împotriva acestora.

Cuplul este unul ideal în universul creat dar incert şi paradoxal la contactul cu lumea simplă, reală: "spune-mi…/ ajunge la tine/ această ardere în plină iarnă? "- Spune-mi, "te-am imbrăţişat…/ pentru o clipă/ ai facut parte/ din mine însumi/ ai aflat/ că exist/ ţi-am reamintit că-mi aparţii " (Curcubeul). Există şi o justificată infatuare a Creatorului cu o tendinţă vanitos-acaparatoare:" iubirea mea este totul/ de la firul de iarbă / la fulger /

de la piatra pe care calci grăbit / la aripa unui înger…"- Definiţie, chiar şi în anticiparea trăirilor iubitului :"iti simt tristeţea planând în mine/ ca o frunză purtată de vânt/ sau poate-i doar toamna/ ce răsare dureros în cuvânt…" (Tristeţe).

Poemele Danielei sunt tot atâtea ferestre deschise cu linişte şi religiozitate spre universul pur şi nostalgic al iubirii.Cei ce mai credem în asta, printre care mă pun şi eu la socoteală, avem argumente în poemele ei că nu locuim un spaţiu părăsit, abandonat de sentimente, că poezia poate fi o frumoasă expresie a iubirii… poate cea mai frumoasă!

Cântec pierdut:

"De ce vrei să plâng/ eu sunt cântecul/ sunt oda bucuriei tale/ tu m-ai compus,/cântă-mă …/ De ce vrei să însetez,/ eu sunt izvorul tău/ sunt apa ta,/ soarbe-mă…/ De ce mă laşi goală /eu sunt vasul tău/ tu m-ai modelat / umple-mă…/ De ce vrei/ să flămânzesc,/ eu sunt pâinea ta,/ nu mă depărta/ de buzele tale…/ Iubire,/ mă binecuvântezi,/ sau mă pedepseşti/ cu dulcea suferinţă/ a flăcărilor Tale?"

Valeriu Marius Ciungan - membru USR

***

Preface

Daniela's poems create their own diaphanous, bright universe, full of muted songs, harmony, prayer, ineffable, peace, all impregnated by a silent love, as a source of latent energy and justification of the existence of this intimate refuge.

Love is the Creator, and the Creator gives love and reflects it in "bright seconds", "blue symphonies", and in "sweet insomnia". Even the author is part of this creation in the poem "Clay pot": "you shape me silently/ you dress me with light/ you warm me in your oven/ your heart."

The couple present in most of the poems is an abstract, ideational one, the fusion is more of a confessional one as a way of rediscovering and rediscovering the self through love: "a tide/ the anxiety of first love/ it fled/ the shore of my heart/ defying/ my weightlessness, bright wings…/ in me wandered/ lost ships,/ diaphanous ghosts,/ dishevelled,/ attracted by a silent resonance… (Resonance).

Poems are built in the mirror "You appeared in the same golden season/ lost in a dream long ago/ to support the mirror of your silences/ painted in blue word, by my transparent temple… - The mirror, which amplifies the feelings, the poet trying to discern and to assume the feelings of the lover until the fusion - "Next to you" "Leave my soul/ next to you…/ let me come/ closer/ from the world of dust/ let my wings escape…/ Wrap me in peace/ with your cloak/ with the stars, with the moon,/ slightly/ surround me/ diseased bones/of longing/ with love/ not to know/ who you are/ and who I am,/ to feel how the sun/arches the light/ on your finger my…"

Some poems are touched by a discreet, subterranean lament, by a slight abandonment, by a sweet-tragic vocation of predestination and reconciliation with oneself, the poem "Prayer": Tell me/ that nothing/ is left to be done/tell me/ that all I have to be/ I am." The need for explicit confirmation being, in fact, the form of rebellion by verse against them.

The couple is an ideal one in the created universe but uncertain and paradoxical in contact with the simple, real-world: "tell me…/ get to you / this burning in the middle of winter?"- Tell me, I hugged you…/ for a moment/ you were part / of myself/ you found out / that I exist/ I reminded you that you belong to me"(Rainbow). There is also a justified infatuation of the Creator with a vain-grabbing tendency: "my love is everything/ from the blade of grass/ to the lightning/ from the stone on which you are hurriedly treading/ to the wing of an angel…" - Definition, even in anticipation to the feelings of the lover: "I feel your sadness hovering in me/ like a leaf carried by the wind/ or maybe it's just autumn/ that rises painfully in the word…" (Sadness).

Daniela's poems are just as many windows open with peace and religiosity to the pure and nostalgic universe of love. Those who still believe in this, including myself, have arguments in her poems that we do not live in an abandoned space, abandoned by feelings, that poetry can be a beautiful expression of love, and perhaps the most beautiful!

Lost song:

"Why do you want me to cry/ I am the song/ I am the ode to your joy/ you composed me,/ you sing me…/ Why do you want me to be thirsty,/ I am your spring/ I am your water,/ - drink me…/ Why are you leaving me empty/ I am your vessel/ you shaped me/ -fill me up…/ Why do you want me/ to starve,/ I am your bread,/ do not take me away/ from your lips…/ Love,/ do you bless me,/ or do you punish me/ with the sweet suffering/ of Your flames?

Valeriu Marius Ciungan - member USR

***

Cuvântul Autorului

De cele mai multe ori iubirea ne surprinde, iubirea apare pe neaşteptate în viaţa noastră ca un cântec al fiinţei interioare, ca o flacără, simbolul vieţii însăşi…

Undeva, cândva, aflat în frământările tulburătoare ale iubirii, un suflet omenesc s-a întrebat dacă este vreo diferenţă între iubirea divină şi cea umană şi a descoperit că iubirea divină îmbrăţişează toate celelalte forme de iubire, iar celelalte forme de iubire sunt în esenţa lor o formă de dor mistuitor după Divinitatea care se ascunde în mod tainic în tot ce ne înconjoară.

Iubirea adevărată ne provoaca să ne naştem ca fiinţe divine renunţând la ego-ul nostru limitat. Ea este izvorul tainic din care sufletul nostru se inspiră, primeşte energie, făcând posibilă creaţia - divina expresie a sinelui divin lăuntric aflat în legătură cu energiile cosmice ale luminii. In iubire, nu există "a pierde". Cine iubeşte află că timpul şi spaţiul nu există, toate limitele dispar, imposibilul devine posibil. Fiinţa care a ridicat în sufletul său un altar închinat iubirii rămâne vie in eternitate. Iubirea este energia care te transformă într-o piatră preţioasă. Este procesul prin care cărbunele devine diamant, prin care firul de nisip devine perlă în frământarea intimă a scoicii. Iubirea te face mai frumos, mai luminos, mai bun, mai puternic.

Cine urmează drumul iubirii lăsând la o parte dorinţele propriului ego renaşte ca pasărea Phoenix din propria cenuşă. Cel ce iubeşte este cel ce dansează dansul, cel care cântă cântecul, cel ce se avântă în valuri, cel ce are curajul să trăiască nebunia şi frumuseţea mării dezlănţuite, cel care renunţă cu adevărat la propriile temeri şi dorinţe abandonându-se pe sine, binecuvântând fiecare pas al vieţii. Acel suflet are posibilitatea ca în tainiţa inimii, să găsească mângâierea sublimă a iubirii, mângâierea sublimă a luminii..

Daniela

***

Author's Word

Most of the time, love surprises us and appears suddenly in our life as a song of the inner being, like a flame, the symbol of life itself.

Somewhere, once, in the disturbing turmoil of love, a human soul wondered if there was any difference between divine and human love. It found that divine love embraces all other forms of love and all those are in essence a form of love, wounding longing for the Divinity which secretly hides both in the human and in everything around us.

True love challenges us to be born as divine beings by giving up our limited ego. That is the mysterious source from which our soul inspires, receives energy, and makes creation possible - the Divine expression of the inner divine self, connected with the cosmic light energy. In love, there is no "losing". Whoever loves will find out that time and space do not exist, that all limits disappear and the impossible becomes possible. The being who builds an altar dedicated to love in his heart remains alive for eternity. Love is the energy that turns you into a gemstone. It is the process by which coal becomes a diamond, by which the thread of sand becomes a pearl in the cherished turmoil of the shell. Love makes you better, righter, more powerful, and more beautiful.

The one who follows the path of love, leaving aside desires of his ego, is reborn like the Phoenix bird from its ashes. The one who loves is the one who dances the dance, who sings the song, the one who soars in the waves, who dares to live the madness and beauty of the raging sea, the one who truly gives up his fears and desires abandoning himself and blessing every step of life. That soul can find the sublime comfort of love and light in the mystery of the heart.

Daniela

***

Motto:

"frumoase frunze arămii,
sunteţi album de amintiri,
ce-n primăvară
sublim vor înflori
revărsând pe pământ
câmpii de ghiocei albi, sidefii!"

Povestea Frunzelor

***

"beautiful brown leaves,
you are an album of memories
that in spring
will flourish sublimely
spilling onto the ground
fields of white, pearly snowdrops!"

The Story of the Leaves

Eternitate

Te știu dintru începuturi...
te știu din eternitate...
din viețile trecute,
din galaxiile
și universurile
îndepărtate...

Ești misterul ascuns
în raza de soare,
în freamătul ierbii,
în gingășia florilor,
în vântul înmiresmat,
în zâmbetele stelelor
și în strălucirea ochilor
care mă privesc...

Ești misterul ascuns
în inima mea...

Te-ascunzi în vise
care mă îmbrățisează tainic,
iar acum,
pentru o clipă
te-ai materializat,
asemeni unui înger,
iluminându-mi întreaga ființă
cu frumusețea iubirii...

Mulțumesc Universului
care te-a trimis în calea mea,
într-o clipă tainică de magie,
la fel ca speranța luminoasă
a unui nou răsărit!

Eternity

I have known you since the beginning...
I will know you forever...
from past lives
from the galaxies
and the distant
universes…

You are the hidden mystery
in the sunlight
in the rustling grass,
in the tenderness of flowers,
in the scented breeze,
in the smiles of the stars
and in the glint of the eyes
that look at me...

You are the hidden mystery
in my heart…

You hide in dreams
that embraces me secretly
and now,
for a moment,
you have materialized
like an angel
illuminating my whole being
with the beauty of love...

Thank you, Universe,
that sent you my way
in a mysterious moment of magic,
just like bright hope
of a new dawn!

În fata instanței

Spune-mi,
cine-i de vină
că iubirea
care sunt,
s-a îndrăgostit
de lumina
care ești?

Cine-i de vină
că iubirea-i divină,
eternă
ca timpul,
necondiționată
și liberă
de prejudecăți
umane?

Cine-i de vină
că iubirea
vrea să existe,
că are doar
o singură lege,
legea proprie?

Iubitul meu
cine-i de vină
că lumina și iubirea
sunt împreună
dintotdeauna?

In front of the court

Tell me,
who is to blame
that love
I am
fell in love
with the light
you are?

Who is to blame
that love being divine,
eternal
like time,
unconditional
and free
of human
prejudices?

Who is to blame
for love's desire
to exist
that it having
only one law,
its own law?

My love,
who is to blame
that light and love
are always
together?

Clipe de miracol

Zâmbetul tău
a semănat clipe de miracol,
pe țărmul albastru al inimii mele ...
ești oglindirea luminii
din ochii mei și din inima mea
care s-a deschis și a înflorit
mângâiată de răsăritul soarelui
prezent în ochii tăi arzători...

Clipe de azur,
clipe de senin și dragoste
ai semănat în universul meu cristalin...
îți mulțumesc pentru tot
ceea ce ești, iubitul meu...

Mulțumesc pentru îmbrățișarea ta,
pentru clipele în care
sufletele noastre s-au contopit
unite de o singură rază
transcendentă de lumină divină...
Mulțumesc pentru imensitatea
sufletului tău luminos,
care m-a îmbrățișat...

Moments of miracle

Your smile
sowed moments of miracle,
on the blue shore of my heart...
you are the reflection of light
from my eyes and my heart
which have opened and blossomed
caressed by the sunrise
present in your burning eyes...

Azure moments,
moments of serenity and love
you have planted into my crystalline universe...
thank you for everything
you are, my love...

Thank you for your embrace,
for the moments when
our souls have merged
united by a single ray
transcendent of divine light...
Thank you for the immensity
of your bright soul,
that enveloped me...

Comuniune

Pe-un colţ de cer, cu raze scris,
pe-o stea vibrând, în paradis,
în cugetările-mi profunde,
te regăsesc iubirea mea, oriunde...

În stropi de ploaie azurii,
solfegiind poeme albăstrii,
în lacrimi de dor flămânde,
te regăsesc iubirea mea, oriunde...

În lumina ce se revarsă-n unde,
cântând în ore şi-n secunde
un imn al primăverilor fecunde,
te regăsesc iubirea mea, oriunde...

În vântul ce mângâie drăgăstos,
în ochii mei privind spre cer, sfios,
în trandafirul cu petale sângerânde,
te regăsesc iubirea mea, oriunde…

În mâna ce alină, dând ajutor
unui suflet pribeag, rătăcitor,
în cuvântul cu nuanţe blânde,
te regăsesc iubirea mea, oriunde...

În inimă, mi te-ai ascuns, senină...
şi-n ochii mei, ce răspândesc lumină...
iubire divină, dintotdeauna m-ai vegheat,
te-ai cununat cu gândul meu curat!

Communion

On a corner of the sky, with written rays,
on a vibrating star in paradise
in my deep thoughts
I find you, my love, everywhere...

In azure raindrops,
in melodies of blue poems,
in tears of hungry longing,
I find you, my love, everywhere...

In the light that pours into the waves,
singing through hours and seconds
a hymn of fruitful springs,
I find you, my love, everywhere...

In the gentle caressing wind,
in my eyes that shyly look up at the sky
in the rose with its bleeding petals,
I find you, my love, everywhere...

In the comforting hand that offers help
to a wandering soul,
in the softly spoken word,
I find you, my love, everywhere...

In my heart, you are hidden, serene...
and in my eyes, which radiate light...
divine love, you have always watched over me,
you have united with my pure thought!

Inefabil

E-același anotimp, iubitule,
deși un timp s-a scurs de-atunci...
e-același anotimp incandescent,
când aerul încremenește tainic, în uluci...

Îmi amintesc de parcă ieri
s-a petrecut, întâia noastră întâlnire,
și ochii tăi senini m-au răscolit
cu-întâiul poem nescris, de iubire...

Nu mai primisem astfel de poeme,
eram atât de fragedă copilă,
privirea ta-mi reverbera în suflet,
o melodie tainică, divină...

Intâia noapte de iubire s-a petrecut
pe țărmul unui vis, probabil,
căci pe pământ, în taină ne-a unit,
doar visul nostru șoptit de îngeri, inefabil...

Ineffable

It's the same season, my love,
although some time has passed since then...
it's the same incandescent season
when the air freezes along the fence, mysteriously...

I remember it like our first meeting
was yesterday
and your serene eyes captivated me
with the first unwritten love poem...

I had never received such poems before,
I was just a tender child
your gaze reverberates in my soul,
a mysterious, divine melody...

The first night of love unfolded
on the shore of a dream, perhaps,
for on earth, in secret, only our angel-whispered,
ineffable dream united us...

Colind

Era în seara de Ajun -
o noapte geroasă, înstelată ..
într-un vis alb rătăceam
cu fruntea de lună dezmierdată ...

Când ai venit să mă colinzi,
era trecut de miezul nopţii...
afară era viscol,
troiene de zăpadă
zăceau în dreptul porţii ...

Trezită brusc din albul vis,
ieşit-am grăbită-n faţa ta...
uitasem haina-n casă,
purtam rochia de albă catifea...

Când m-ai văzut,
colindul tău a îngheţat în noapte
iar ochii tăi mă priveau pierduţi...
buzele nu puteau îngâna
nici măcar şoapte...

Doar, ne priveam uimiţi,
în timp ce-n Betleem
Hristos se năştea...
pe cer, strălucea infinit
a dragostei stea...

Carol

It was the evening of Christmas Eve -
a frosty, starry night...
in a white dream, I wandered
with my forehead caressed by moon...

When you came to visit me
it was past midnight...
it was a blizzard outside
snow trojans
lay by the gate...

Suddenly awakened from the white dream,
I rushed out in front of you...
I had left my coat at home,
wearing only the white velvet dress...

When you saw me
your carol froze in the night
and your eyes looked at me lost...
the lips could not murmur
not even a whisper...

We gazed at each other in wonder,
while in Bethlehem
Christ was born...
the star of love
shone infinitely in the sky...

Ningea peste ghiocei

Ningea, ningea divin,
iar tu zâmbeai cu încântare
spre fulgii cristalini
ce și-au găsit
refugiu-n palma mea...

Ningea, iar tu-mi șopteai
că mă iubești la fel de mult,
ca-n clipa aceea-n care
m-ai surprins
cu îmbrățișarea-ți divină
luându-mă aproape
de tine, de cer...

Ningea, ningea divin
peste ghioceii
pe care-i culesesem
cu mâna mea,
simțindu-mi inima
aprinsă de iubire,
atât de-aproape de a ta.

It was snowing over the snowdrops

It was snowing, and it was snowing divinely
and you were smiling with delight
towards the crystalline flakes
that found
refuge in my palm...

It was snowing, and you were whispering to me
that you love me as much
as in that moment
when you surprised me
with your divine embrace
drawing me close
to you, to heaven...

It was snowing, it was snowing divinely
over the snowdrops
which I had gathered
with my hand
feeling my heart
burning with love
so close to yours.

De-am greşit

De-am greşit vreodată iubirii,
a fost pentru c-ai însemnat
mai mult decât ai crezut
iar nemişcarea pietrei m-a durut
mai mult decât ai ştiut...

De-am greşit vreodată iubirii,
a fost pentru c-am dorit
mai mult decât ai ştiut
iar tăcerea pietrei a însemnat
mai mult decât ai crezut…

If I was wrong

If I've ever done love wrong,
it was because you meant it
more than you thought
and the stillness of the stone hurt me
more than you knew...

If I've ever done love wrong,
it was because I desired to
more than you knew
and the silence of the stone meant
more than you thought…

Când voi pleca

Să nu mă uiţi când voi pleca
spre crucea cerului, grăbită...
o lacrimă-mi voi şterge pe obraz,
o voi lăsa la rădăcina unei flori, sădită...

Să nu mă uiţi când glasul meu
nu-l vei mai auzi în orice dimineaţă...
îţi voi trimite raze de lumină,
blândeţea lor să mângâie-a ta faţă...

Când voi pleca pe cerul tău
vor răsări buchete mari de stele
iar ochii tăi le vor privi şi îţi vei aminti
doar zâmbetele mele...

Nu vor mai fi cuvinte între noi,
n-or răsuna-n lumină simfonii
dar undeva, pe-un ţărm de univers,
vor răsări în continuare poezii...

When I will leave

Don't forget me when I'm gone
to the cross of heaven, hurrying...
a tear I will wipe from my cheek,
leaving it at the root of a flower, planted...

Don't forget me when
you can't hear my voice any morning...
I will send you rays of light,
let their gentleness caress your face...

When I leave your sky
large bouquets of stars will emerge
and your eyes will look at them, remembering
only my smiles...

There will be no more words between us,
no symphonies resonating in the light
but somewhere, on the shore of the universe,
more poems will arise...

Pe aleea cu castani

Fremătau uşor
frunzele castanilor -
catarge
de smarald
înfiorate de dragoste,
mângâiate de vânt...

- Nu ştiai,
sau poate ştiai...

Simţeai că eram şi eu
asemeni unei frunze
de castan?

Oare, simţeai paşii mei
imponderabili pe alee?
simţeai parfumul
florilor de castan
în părul meu,
în timp
ce treceam ca o mireasă
îndrăgostită
pe aleea şerpuită?

On the chestnut alley

Chestnut leaves
shivered slightly -
emerald
flagpoles
quivering with love
caressed by the wind...

- You didn't know
or maybe you did...

Did you feel I was
like a chestnut
leaf, too?

Did you sense my steps?
weightless in the alley?
Did you smell the perfume
of chestnut flowers
in my hair
while
I was passing as a bride
in love
down the winding alley?

Ferestre deschise

Am strâns în poeme
lumina divină,
o rapsodie de raze
revărsate
din sufletul meu,
inima rănită-ţi alină...

Pe degete albe
ţesut-am
o pânză din raze,
doar maci de rubin
semănat-am ...
diamantine raze

Alchimizând
urmele trecutului,
din zăpezi troienite
au răsărit
flori de nu-mă-uita
în versurile mele...
lumini ursite

Deschid larg braţele
- imaculate aripi
te caută-n vise...
în inima mea
păstrez pentru tine,
ferestre deschise!

Open windows

I collected divine light
in poems,
a rhapsody of rays
flooding
from my soul
heal your broken heart...

With white fingers
I wove
a cloth of rays,
only ruby poppies
I sowed...
diamond rays

Alchemizing
the traces of the past
from piles of snow
forget-me-not flowers
rose
in my lyrics...
predestined lights

I open my arms wide-
immaculate wings
looking for you in dreams...
in my heart
I keep open windows
for you!

Cărări

Dacă vreodată
voi alege să scriu altfel,
dacă voi alege să fiu
"interesantă" în vers,
m-aş teme că poemele mele
te vor atrage în intersecţii
cu foarte multe variante...
poate vei zăbovi
căzând pe gânduri...

Poate,
niciodată nu vei ghici
care dintre cărările
sugerate de metafora
aflată la răspântia versului meu,
te va conduce
spre inima mea...

Paths

If I ever
choose to write differently,
if I choose to be
"interesting" in verse,
I would worry that my poems
might lead you to intersections
with many options...
perhaps you will pause
wondering...

Maybe,
you'll never guess
which of the paths
suggested by the metaphor
at the crossroads of my verse,
will guide you
to my heart...

Elegie de toamnă

E toamnă în vise,
e toamnă în stele,
e toamnă pe file
de carte rebele,
e toamnă cu fluturi
pe frunza de vie
vocalele-mi zboară,
se înalţă-n pustie…

Pe parfumat covor
de flori arămii,
te-aştept iubitul meu,
să revii,
dragostea noastră
înscrisă-n destin,
s-o preţuim,
sublim să ne iubim…

Te aştept iubitul meu
în toamnă,
cu flori în plete
şi-n inimă cu taină,
vântul de seară
mi-a adus crizanteme,
semne de carte
şi divine poeme…

Ridic ochii spre ceruri,
te caut cu dor,
te chem să revii
cu al iubirii fior,
apari lângă mine
în răsărit de stele,
mă îmbrăţişezi...

săruți poemele mele...

Autumn elegy

It's autumn in dreams,
it's autumn in the stars
autumn is on rebel pages
of the book,
it's autumn with butterflies
on the vine leaf
my vowels fly
rising in the wilderness…

On the scented carpet
of faded flowers,
I'm waiting for you, my love
to come back
our love
written in destiny
let's cherish it
sublime to love each other...

I'm waiting for you, my love
in the fall,
with flowers in braids
and a secret in the heart,
the evening wind
brought me chrysanthemums,
bookmarks
and divine poems…

I lift my eyes to the heavens,
longing for you
I call for you to return
with the thrill of love,
appear beside me
among the rising stars,
you hug me...

kiss my poems...

Poezia

Poezia este lumina
ce străluceşte
în ochii mei,
este muzica
ce vibrează
tainic
în sufletul meu…

Dacă doreşti
să mă cunoşti mai bine
nu-mi privi ochii...
priveşte sufletul
poeziei mele
cu ochii de lumină ai
sufletului tău...

Dacă doreşti să cunoşti
drumul spre inima mea,
mai întâi citeşte-mi
poemele de dragoste
strânge-le la piept
şi-apoi îmbrăţişează-mă,
iubitule...

The poem

Poetry is the light
that shines
in my eyes
it's the music
that vibrates
secretly
in my soul...

If you wish
to know me better
don't look into my eyes...
look at the soul
of my poetry
with the eyes of light
of your soul...

If you want to know
the way to my heart
read me first
love poems
hold them close to your chest
and then hug me,
my love...

Curcubeul

Când închid ochii,
simt lumina
ochilor tăi
revărsată
în fiinţa mea...

Eşti acolo,
eşti mereu acolo,
în lumina
minţii mele,
esti o prezenţă
mereu vie,
statornică,
un arbore
care-mi cuprinde
inima
cu rădăcini
luminoase...

În coroana ta
şi-au găsit sălaş
păsările rătăcite
în gândurile mele
iar inima mea
este o fereastră
deschisă
prin care-a răsărit
în taină
curcubeul...

The Rainbow

When I close my eyes
I feel the light
of your eyes
shining
in my being...

You are there
you are always there
in the light
of my mind
you are a presence
always alive
steady,
a tree
that embraces
my heart
with bright
roots...

In your crown
wandering birds
found a home
in my thoughts
and my heart
is an open
window
through which
the rainbow
arose
in secret...

Muzele poeziei

- Cine sunteţi voi, surate,
steluţe îndepărtate,
ce-mi şoptiti zi de zi versuri,
strofe pline de-nţelesuri?

Cine sunteţi zânişoare,
frumuşele cu-aripioare,
ce-mi şoptiţi încetişor
versuri pline de amor

Cuvinte în fapt de seară,
versuri ce mi se strecoară
din infinitul cer îndepărtat,
în mentalul luminat?

- Suntem fire de lumină
înşirate pe-o sulfină,
suntem razele de soare,
luminând a ta cărare...

Suntem boabele de rouă,
când lumina tainic plouă
peste câmp, peste hotare,
peste timide lăcrămioare...

Suntem stele-n galaxie
cusute pe mândra-ţi ie,
înscrise cu dor sihastru
din inima cerului albastru!

The muses of poetry

- Who are you, girls?
distant stars
that whisper me
stanzas full of meanings every day?

Who are you fairies
winged beauties,
that softly whisper to me
lyrics brimming with love

Words in the evening,
lyrics that sneak up on me
from the infinitely distant sky,
into the enlightened mind?

- We are threads of light
strung on melilot,
we are the rays of the sun
lighting your path...

We are the dewdrops,
when the mysterious light rains
across the field, across borders,
over shy lilies of the Valley.

We are stars in the galaxy
stitches on your beautiful "ie"
inscribed with lonely longing
from the heart of blue sky!

("ie" - Romanian blouse)

Pace

Când rostesc cuvântul pace,
zboară spre cer albi porumbei...
Senin şi culoare, intenţie pură,
un gând împletit din lumină
se-nalţă spre astre trimis din suflet
şi din izvorul tainic al ochilor mei ...

Când rostesc cuvântul pace,
adun în cuvinte petale de nufăr
ce se răsfiră blând în soare,
în albe versuri înflorind
spre-a cerului splendoare...

Când rostesc cuvântul pace,
se face linişte deplină,
se-mprăştie norii din gând...
o creangă de măslin înfloreşte,
lumina străluceşte pe Pământ!

Peace

When I say the word peace,
white doves soar into the sky...
Serene and colour, pure intention,
a thought woven from light
rises to the stars, sent from the soul
and from the secret spring of my eyes...

When I say the word peace,
I gather water lily petals in words
that gently basks in the sun,
blooming in white verses
to heaven's splendor...

When I say the word peace,
there is complete silence,
the clouds of the mind are scattered...
an olive branch blossoms,
light shines upon the Earth!

Poezia

Poezia este cântecul
ce îmi curge prin vene,
poezia-i în inima mea...
poezia este dansul vieţii
pe file de carte rebele,
este floarea albastră
de nu-mă-uita ...

Poezia sunt stelele
ce înfloresc sus pe boltă,
flori aurii, lângă îngerii
ce îmi veghează
somnul lin...
este curcubeul unduind
peste freamătul vieţii,
promiţând totdeauna
ajutorul divin...

Poezia-i copilul din mine
ce zâmbeşte vieţii
cu ochi mari, ca cerul senin...
revărsare de unde sonore
peste macii în floare,
poezia e-al ciocârliei
cântec sublim...

Poezia-i dorul de infinit,
o flacără ce arde
în odaia unde
vestală-i doar inima mea...
poezia-i spirala de raze
ce mă conduce feeric
spre Templul eteric
în care Lumina divină

este unica stea!

The poem

The poem is the song
that runs through my veins
poetry resides in my heart...
poetry is the dance of life
on rebellious pages of book,
it is the forget-me-not
blue flower...

Poetry is the stars
that bloom high in the sky,
golden flowers alongside the angels
watching over me
peaceful sleep...
it's the rippling rainbow
over the hustle and bustle of life,
always promising
divine help...

Poetry is my inner child
who smiles at life
with big eyes, like the clear sky...
overflow of sound waves
over the blooming poppies,
the poem belongs to the lark's
sublime song...

Poetry is the longing for infinity,
a burning flame
in the room where
only my heart is vestal...
poetry is the spiral of rays
that magically guides me
to the etheric Temple
in which the divine Light

is the only star!

Dulce grai

Dulce grai românesc,
scriu astăzi poeme
în limba străbună,
graţie martirilor eroi.
Graţie lor, împletesc slove
scrise prin vreme,
din gânduri revărsate,
pe file albe, în şuvoi...

Mulţumesc cerului
că port în suflet,
lumina sfântă,
ce niciodată nu va apune...
Voi mulţumi mereu,
cu versul meu, c-un zâmbet
ce va purta solia
graiului străbun în lume!

Sweet speech

Sweet Romanian speech,
I am writing poems today
in the ancient language,
thanks to the heroic martyrs.
Thanks to them, I weave words
written by time
from overflowing thoughts,
in a stream onto white sheets...

Thank heaven
that I carry within my soul
a holy light,
that will never set...
I will always thank
through my verse, with a smile
sharing the message of
the ancient language in the world!

Invocare

Privesc cu dor spre zările senine,
te caut cu ardoare pe cerul înstelat,
eşti cea dintâi romantică iubire
ce-ntotdeauna-n suflet am păstrat...

Strălucitoare stea a neamului străbun,
eşti avatarul nemuririi prin cuvânt...
născut aici, pe ancestrala glie,
tu eşti al Daciei Luceafăr Sfânt...

Tu, fiu de om şi înger strălucit, Hyperion,
geniu ce porţi pe frunte a stelelor cunună,
te caut, te invoc cu glasul meu şoptit
şi te iubesc nemărginit în serile cu lună...

Răsari din nou, îmi luminează sufletul,
inspiră-mă în nopţile divine,
strălucitor Luceafăr, nemuritor Cuvânt,
Tu - Eminescu Mihaile!

Invocation

I gaze longingly at the clear horizons,
Searching for you with passion in the starry sky,
you are my first romantic love
I have always held it in my soul...

Bright star of the ancient people,
you are the avatar of immortality through the word...
born here, on this ancestral land,
you, Saint Star, belong to Dacia...

You, son of man and bright angel, Hyperion,
genius wearing a crown of stars upon your forehead,
I seek you, I call you with my whispered voice
and I love you endlessly in the moonlit evenings...

Rise again, illuminate my soul,
inspire me on divine nights,
shining Star, immortal Word,
You - Eminescu Mihai!

Refugiul

Oprește-te din goană...

Găsește-ți liniștea,
în templul
locuit
de soare,
de vânt,
de lună...
eliberează-ți
ușor
brațele
transparente...
lasă gândurile,
imponderabile
în lumina zorilor,
să se recompună...

Găsește-ți
refugiul
în inima ta și a mea...
în templul
de opal
de la marginea mării...
îmbrățișează-ți
cu înțelegere durerea,
când ode iubirii
în ceruri înalță,
îngerii de smarald
ai vindecării...

Refuge

Stop rushing...

Find your peace,
in the temple
inhabited
of sun,
of wind,
of the moon...
Open
easily
your transparent
arms...
let go of the thoughts
imponderable
to recompose
in the light of dawn...

Find
refuge
in your heart and mine...
in the temple
of opal
by the edge of the sea...
embrace
your pain with understanding,
when the emerald angels
of healing
sing odes to love
in the high heavens...

Memento

Tu ai iertat nemărginit, Isuse Doamne,
pe cei ce Te-au pus pe cruce, în piroane...
Tu ai iertat pe cei ce Te-au vândut, trădat,
pe cei ce-au scuipat obrazul Tău imaculat...

La poalele crucii, Maica Divină îndurerată,
se tânduia plângând, de moarte împresurată...
Aveai chipul de înger, sfâşiat, erai în agonie,
din fruntea-ţi divină, picura sângele pe glie...

Deşi Te-au trădat, i-ai iertat prin iubirea-ţi divină,
de s-au căit, i-ai vindecat şi ridicat la lumină...
Doamne, ai atâta putere în cer şi pe pământ,
la Tine alerg, căci eşti izvor de înţelept cuvânt...

O, Fiu divin al Luminii şi-al lui Dumnezeu,
mă iartă şi ajută-mă să pot ierta şi eu...
Cu inima smerită, de noi nu uita
şi ocroteşte-ne întotdeauna, cu iubirea Ta...

Reminder

You have forgiven without limit, Jesus Lord,
those who put You on the cross, who nailed you...
You forgave those who sold You, betrayed You,
on those who spat on Your immaculate face...

At the foot of the cross, the sorrowful Divine Mother,
lay crying, surrounded by death...
You had the face of an angel, torn, in agony,
the blood from Your divine forehead dripped onto the ground...

Though they betrayed You, You forgave them through Your divine
love,
when they repented, you healed them and raised them to the light...
Lord, you have so much power in heaven and on earth,
I run to you, for You are a source of wise words...

O divine Son of Light and God,
forgive me and help me to forgive...
With a humble heart, do not forget us
and protect us always with Your love...

Vis de vară

Lasă-mă să-ţi fur
o pană din aripă, îngere...
şi să mi-o aşez pe inimă,
acolo, unde mă doare...
să-mi fie panaceu
sau, dacă se poate,
s-o ascund în sufletul meu,
în poezia ce-mi scânteie-n şoapte,
trezindu-mă din vis, în noapte...

Lasă-mă să-ţi fur
o îmbrăţişare, îngere...
şi s-o înalţ spre univers,
în vers,
în dalbe flori de cais,
zâmbind unui vis,
s-o sculptez
într-o stâncă-n paradis,
şi s-o înveşmântez
în razele de soare,
s-o îngrop tainic
în inima mea,
ca într-o nesfârşită mare....

Lasă-mă să îmbrăţişez
razele de lumină solară
din nimbul tău, îngere...
lumina ta nesfârşită,
cu dragostea poemului meu,
în mine proaspăt zămislită...
Adapă-mi sufletul
cu apa vie a misterelor
şi cântecele-albastre
ale sferelor...

Summer dream

Let me steal a feather
from your wing, angel...
and place it on my heart,
where it aches...
to be my panacea
or if possible
to hide it in my soul,
in the poetry that sparkles in my whispers,
waking from a dream in the night...

Let me steal a hug
from you, angel...
and raise it to the universe,
in verse
in yellow apricot blossoms,
smiling at a dream
to sculpt it
into a rock in paradise
dressing it
in the sun's rays
to secretly bury it
in my heart,
like in an endless sea...

Let me embrace
the sunlight rays
from your halo, angel...
your infinite light
with the love of my poem,
newly conceived within me...
water my soul
with the living water of the mysteries
and the blue songs
of spheres...

Prieten drag

Când simt că viaţa mă trădează
şi când speranţa mă ocoleşte,
te chem pe tine, îngere de-ndată,
eşti o lumină lină, ce nu mă părăseşte...

Te chem în miezul arzător al zilei,
te chem tăcută în miez de noapte
iar tu răsari prin broderie de lumină
şi-apoi, te simt de inimă, aproape...

Mi-eşti un prieten bun de la-nceputuri,
doar tu mă însoţeşti cu drag pe cale,
în lumea terestră plină de primejdii,
îmi construieşti liman cu aripile tale...

Când în dureri îmi cade trupul,
te chem c-o simplă invocare,
tu eşti atemporal dintotdeauna,
doar tu cunoşti perfect a mea suflare...

Prieten drag, tu înger strălucit,
ce-n viaţa mea mă însoţeşti în taină,
cu mine călător discret, în lumea
îmbrăcată cu a lutului haină...

Pe mai departe protector fii mie,
ajută-mi să-mi port lacrima durută,
ascunde-te-n parfum de iasomie
şi-n raza soarelui, din inima-mi smerită...

Daniela Topîrcean

Dear friend

When I feel as though life is betraying me
and hope eludes me,
I call upon you angel
you are a soft light, that does not leave me...

I call you in the scorching heat of the day
I call you silently in the middle of the night
and you rise through the tapestry of light
And then, I almost feel you in my heart...

You have been my good friend since the very beginning,
only you accompany me with love along the way,
in the earthly world full of dangers,
you build a harbour with your wings...

When my body falls in pain,
I call upon you as a simple invocation,
you are timeless forever
you alone know my breath perfectly...

Dear friend, you bright angel,
you accompany me in secret through life,
travelling discreetly with me, in the world
clothed in a clay garment...

Continue to be my protector,
help me bear my painful tears,
hide yourself in the scent of jasmine
and in the sunshine, from my humble heart....

Cifra șapte

Erai profesorul,
maestrul de dans,
al acestei vieți,
al vieții mele...

Dansam,
dansam ușor,
uneori mă ridicam
deasupra pământului,
deasupra
mozaicului
rece,
tocit de-atâția
pași...

Voalul alb
al rochiei lungi
se legăna grațios
când
dansam
imponderabilă,
plină de viață,
printre
siluetele gri
ale celorlalți
dansatori

La un moment dat,
cineva mi-a arătat
foaia matricolă
și-a întrebat:
- Ce-i cu atâția de șapte aici?

Nu i-am răspuns -

eram fericită
- era cifra Ta,
la materia Ta...
Doamne,
Tu erai Profesorul,
Maestrul de dans,
al acestei vieți,
al vieții mele!

Number seven

You were the teacher
the dance master,
of this life
of my life...

I was dancing
dancing lightly
sometimes I would rise
above the ground,
above
the cold,
so dull
mosaic from so many
steps...

The white veil
of the long dress
swayed gracefully
When
I was dancing
weightless,
full of life,
among
the grey silhouettes
of the others
dancers

At one point,
someone showed me
a transcript
asking:
"Why are so many sevens here?"

I didn't answer him -

I was happy
- it was your number,
to your object...
God,
You were the Teacher,
The Dance master,
of this life,
of my life!

Comuniune

Eşti cu mine
dintotdeauna...
Sufletul îmi spune
să nu doresc
ceea ce este
prezent
în mine...
din inimă
să-mi înlătur
teama,
să deschid larg
ferestrele...
cu inocenţă
să cred,
să mă abandonez
cu bucurie
în această
simplă
şi fierbinte
alchimie...

Communion

You are always
with me...
My soul tells me
not to wish
what is
present
within me...
from the heart
to remove
fear,
to open wide
the windows...
with innocence
to believe
to abandon myself
with joy
in this
simple
and hot
alchemy...

Cuvânt...

Un lan de grâu cu roşii maci
zâmbind în soare...
mi-e gândul
îngreunat de rod
- cuvânt... rostit în zare

O reverenţă vouă,
mâini truditoare,
vouă... aspre mâini
muncind ogoare...
o reverenţă-ngemănând,
în tainic gând,
lin frământând
pământ şi soare
şi-alături, blând...
miros suav de pâine
proaspăt pârguită
în cuptor -
- rotită aripă în zbor...

Un lan de grâu cu roşii maci
zâmbind în soare...
mi-e gândul
îngreunat de rod
- cuvânt... rostit în zare!

Word...

A field of wheat with red poppies
smiling in the sun...
it's my thought
weighed down by fruit
- word... spoken in the horizon

A bow to you,
toiling hands,
you… rough hands
working the fields...
a bow-putting together
in secret thought,
smooth kneading
earth and sun
and next to me, gentle...
the sweet smell of bread
freshly baked
in the oven -
- rotated wing in flight...

A field of wheat with red poppies
smiling in the sun...
it's my thought
weighed down by fruit
- word... spoken in the horizon!

Lumina Învierii

Te aşteptam îngenuncheată la poalele unei cruci milenare
cu lemnul înnegrit, bătut de vânturi şi ploi, ars de soare...
Era scris să ne-ntâlnim astfel, ca-ntr-un scenariu...
urma să apari pe neaşteptate, încet spuneam rozariu ...

Te aşteptam şi mă-ntrebam privind astfel nemărginita zare
oare materia densă va rezista luminii învierii Tale?
speram să apari într-o lumină blândă, mult mai lină,
ca eu să Te pot vedea şi să-Ţi sărut Mâna Divină...

Te aşteptam îngenuncheată la piciorul crucii, priveam în jos
se-ntunecase-n jur însă aveam credinţă în Hristos...
ştiam c-o să apari aşa cum faci mereu, negreşit
scenariul pe care îl trăiam fusese dinainte stabilit...

Deodată am auzit vocea-Ţi profundă venind din paradis
"Deschide ochii, mă recunoşti?" - erai chiar Tu, precis!
Cu ochii sufletului deschişi am privit cum străluceai, am şoptit:
- Eşti acelaşi dintotdeauna Doamne, întotdeauna Te-am iubit!

The Light of the Resurrection

I was waiting for you, kneeling at the foot of a millennial cross
with the blackened wood, beaten by winds and rains, burnt by the
sun...
It was written for us to meet like this, as if in a script...
you were going to appear unexpectedly, I was slowly saying the
rosary...

I was waiting for you, wondering looking at the boundless sky
will dense matter withstand the light of Your resurrection?
I hoped you would appear in a gentle, softer light,
that I may see Thee and kiss Thy Divine Hand...

I was waiting for you kneeling at the foot of the cross, gazing
downward
it was getting dark all around but I had faith in Christ...
I knew you would show up, just as you always do, without fail
the scenario we were living had been set in advance...

Suddenly I heard Your deep voice coming from heaven
"Open your eyes, do you recognize me?" - it was you, unmistakably!
With the eyes of my soul open, I watched you shine, I whispered:
"You are always the same Lord, I have always loved You!"

Poem anonim

Sunt un poem anonim,
un izvor cu apă dulce
din care păstorii îşi adapă
turmele însetate …
Sunt un trandafir sălbatic
pe care iubirea a revărsat
boabe de rouă înstelate...

Sunt o ipoteză,
un semn de-ntrebare;
o pasăre-n zbor cu albă menire
în inima căreia, un înger bălai
a scris un poem de iubire,
iar ea a zburat încrezătoare,
cântând iubirea,
din zare în zare …

Sunt o vocală total necunoscută
în clepsidra timpului,
o auroră boreală trecătoare,
radiografia secundei de iubire
ce mă înalţă mereu,
spre lumină, spre soare!

Anonymous poem

I am an anonymous poem,
a freshwater spring
from which the shepherds gather water
for their thirsty herds…
I am a wild rose
on which love has overflowed
starry dewdrops...

I am a hypothesis,
a question mark;
a bird in flight with a white mane
in the heart of which, an angel bathed
writing a love poem
that flew confidently,
singing love
from horizon to horizon...

I am an unknown vowel
in the hourglass of time
a fleeting aurora borealis,
radiograph of a moment of love
that always lifts me up
to the light, to the sun!

Povestea frunzelor

Voi frunze luminoase,
care sporiţi
prin coloritul vostru
de chihlimbar
al toamnei jar -
aţi fost odată muguri
verzi şi cruzi,
pe-al primăverii ram...

V-aţi răsfăţat în timp
de primăvară,
cu ciripit de păsărele,
lumina soarelui
aţi strâns-o
în vara cea fierbinte
şi aţi crescut armonios
pe crengi, pe rămurele...

Când toamna a venit,
cu-al său parfum
şi rod bogat,
v-aţi îmbujorat
de plăcere,
culori încântătoare
din şevaletul zilei
aţi revărsat
spre univers şi stele...

Când vântul a sosit,
îndrăgostit
de-al vostru colorit,
v-a răpit într-un
impetuos vals,
în aer graţios v-aţi rotit

şi-apoi v-aţi aşezat
pe solul primitor,
într-un sublim balans,
purtând în voi al gliei dor...

Voi sunteţi filele cărţii
anotimpurilor
ce-au trecut,
frumoase frunze arămii,
sunteţi album de amintiri,
ce-n primăvară
sublim vor înflori
revărsând pe pământ
câmpii de ghiocei albi, sidefii!

The story of the leaves

You, bright leaves,
that enhance
the autumn embers
with your amber
hues-
you were once buds
green and raw,
on the spring branch...

You have indulged yourself in time
spring,
with birds chirping,
sunlight
that you collected
in the warm summer
and you grew harmoniously
on the branches...

When autumn arrived
with his fragrance
and rich fruit,
you blushed
with pleasure,
you overflowed
lovely colours
from the easel of the day
to the universe and stars...

When the wind came
falling in love
you are colourful
captivated in an
impetuous waltz,
in graceful air, you revolved

and then settled down
on the welcoming soil,
in sublime balance,
carrying with you the longing of the ground...

You are the pages of the seasons'
book
that passed,
beautiful brown leaves,
you are an album of memories
that in spring
will flourish sublimely
spilling onto the ground
fields of white, pearly snowdrops!

Elegie de primăvară

S-au ofilit în glastră
florile de liliac,
mi-aș fi dorit
să le păstrez vie ființa...
iubitule, vin ploi
peste dealuri,
se-ntunecă-n jur
iar cerul ne-ncearcă
iarăși credința...

O pasăre a poposit
azi la fereastra mea...
mi-a spus
că ai optat
pentru singurătate
iar Dumnezeu a-ngăduit
să nu mai stau
în preajma ta, aproape...

Eu sunt o apă limpede
cu unda de cristal,
poemul meu
este purtat
pe-al sufletului val,
fără subânțeles și fără
căi ascunse,
fără cuvinte sofisticate,
întrepătrunse...

Eu port în suflet poezia,
curat veșmânt
ce-mbracă în lumină
culorile simple-ale vieții...
nu o ascund

în neînţelesuri,
nu o întemniţez în
zorii dimineţii...
sunt eu şi este ea,
e poezia mea...

Spring elegy

Lilac flowers
withered in the pot
I would have liked
to keep their being alive...
My love, the rains are coming
over the hills
it gets dark around
and the heaven tries
our faith again...

A bird stopped
today at my window...
it told me
that you chose
loneliness
and God allowed me
not to stay
close to you...

I am clear water
with crystal waves,
my poem
is taken
on the soul wave,
without implication and without
hidden paths,
without sophisticated words,
interspersed...

I carry poetry in my soul,
clean garment
what is wearing the simple colours of life
in the light...
I don't hide it

in misunderstandings
I don't imprison it in
morning dawn...
it's me, and it's "her"
it's my poetry…

Elegie de vară

Nu găsesc poezii
fără lacrimi, ziduri,
sau mister...
fericirea-i captivă
în ochii unui înger
ce meditează
privind spre cer...

Ziduri nu am putere
să mai sparg,
am obosit...
las vulturii din gând
să zboare
peste prăpăstii de granit ...

Nici lacrimi nu găsesc
să mai plâng,
ca pe-un copil,
în brațe durerea-mi strâng -
o alin, o închin,
florilor albe de crin...

Summer elegy

I can't find poems
without tears, walls,
or mystery...
happiness is captive
in the eyes of an angel
meditating,
looking up at the sky...

I have no strength
to break walls;
I'm tired...
I leave the eagles
to soar from my mind
over granite precipices...

I can't even find tears
to cry
like a child
I hold my pain in my arms -
I caress it, I kneel it,
to the white lily flowers...

Vulturul rănit

Un vultur maiestuos, cu tâmple ninse,
se înălţa spre cer, cu aripi de oţel,
pe pliscu-i puternic ancorat, în vise,
lumina oglindindu-se, sticlea stingher...

Se înălţa, zburând peste marea adâncă,
spre vijelia ce-n ceruri s-a stârnit,
zburând peste colţi răzleţi de stâncă
şi peste prăpăstii marine, de granit...

Se înălţa înfruntând furtuna,
zburând mereu, spre răsărit,
când tainic, pe cer, răsărea luna,
ce-nveşmânta natura în haină de argint...

Când stelele străluceau sus pe boltă,
o pală de vânt, izbind-ul cu putere,
l-a aruncat la pâmânt, dezinvoltă,
îndepărtându-l de-albastrele stele...

Oooo, ce păcat de tine, vultur majestuos
nu ai putut să-nvingi cu pieptul tău, stihia...
să fii atât de brav, de curajos,
n-a fost îndeajuns să câştigi bătălia...

Mai înţelept era, să găseşti adăpost,
s-aştepţi furtuna să se potolească...
acum, aripile-ţi sunt fără rost
iar zborul e un vis... e lacrimă cerească...

The Wounded Eagle

A majestic eagle with snowy temples,
soared into the sky with wings of steel,
the light mirrored itself, gleaming awkwardly
on the strong beak anchored in dreams...

It soared, flying over the deep sea,
to the storm brewing in the heavens,
gliding over isolated fangs of rock
and granite sea cliffs...

It soared against the storm,
always flying towards the east
as the moon rose mysteriously in the sky,
cloaking nature in a silver coat...

When the stars sparkled high in the sky,
a fierce gust of wind struk it hard,
casting it casually down to the earth,
away from the blue stars...

Oo, what a pity for you, majestic eagle
you could not conquer the elements with your chest...
Being brave, being courageous,
wasn't enough to win the battle...

It was wiser to find shelter,
wait for the storm to subside...
now your wings feel useless
and flying is merely a dream - a heavenly tear...

Elegie de iarnă

Mi-ai fost un tainic vis,
glas dulce de vioară
ce m-a chemat
să renasc
asemeni unui cântec
compus
în miez de vară...

Pe urmă,
fulgi grei de zăpadă
au nins
peste mâinile mele
iar zorii sfioşi s-au ascuns
în lacrimi
ce-au curs, rebele...

În lumea ta
atât de-ndepărtată,
eşti stea
strălucitoare
în timp ce eu ascund
în zâmbet lacrimi,
deşi e zi
de sărbătoare...

Prin altă lume
îmi port paşii,
departe
eşti de mine...
te regăsesc
privind în taină cerul
în nopţile-nstelate
şi senine...

Winter elegy

You were my secret dream,
a sweet violin voice
that called me
to be reborn
like a song
composed
in the middle of summer...

Then,
heavy snowflakes
fell
over my hands
and the timid dawn hid
in rebels tears
flowing...

In your world
so far away
you are a bright
star
while I hide
tears in a smile,
even though it's daytime
holiday...

Through another world
I carry my steps,
you are far
from me...
I find you
secretly looking at the sky
in the starry and serene
nights...
***

Despre Autor

Daniela Topîrcean, absolventă a Universităţii Lucian Blaga din Sibiu, licenţiată în inginerie, a devenit membră a Societăţii Scriitorilor Români în ianuarie 2023.

Pasionată de poezie încă de pe băncile liceului şi ale facultăţii, a publicat o parte din poemele sale în primul volum de versuri "Ferestre-poeme de iubire", volum ce a văzut lumina tiparului în martie 2021, la editura Letras, fiind urmat de varianta lui în limba engleză "Windows open to Love". În luna noiembrie 2023, a publicat volumul "Aripi de Phoenix", la editura PIM, editură ce a publicat şi volumul de haiku "Anemone de Opal", în martie 2024. Tot în 2024 a publicat pe pltforma Amazon, volumul trilingv "Petale - Poeme Haiku I - şi "Fluturi - poeme Haiku II", iar pe platforma D2D, volumele bilingve "Dansuri Subtile - Poeme de iubire I", "Şoapte din Lumină - Poeme de iubire II", "Din Templul inimii" - Poeme de iubire III, "Flori de Lumină - Poeme de Iubire IV".

În anul 2020, a devenit colaborator al platformei spaniole Masticadores publicându-şi creaţia atât în limba română cât şi în limba engleză, pe două dintre blogurile platformei: MasticadoresRomania şi GobblersMasticadores.

Începând din anul 2022, a devenit colaborator la revistele "Luceafărul din Vale", "Inimă de român", "Revista vitrina cu poezii", "Amprentele sufletului", "Cervantes Internaţional" şi "Steaua Dobrogei".

Din luna octombrie 2022 a început să publice poeme haiku pe platforme social media, în diverse grupuri literare româneşti şi internaţionale. Aprecierea poemelor este reflectată de premiile primite pentru unele dintre ele, de publicarea lor în reviste şi publicaţii de gen şi de traducerea lor în limba japoneză. Din 2023 este prezentă cu poeme haiku în suplimentul revistei "Surâsul Bucovinei" și în revista "72 de Anotimpuri".

A devenit colaboratoare a unor antologii literare după cum urmează:

• În anul 2022: "Insomnii stelare" (Vol.2), editura PIM; "Pe urmele lui Goga - Antologie", editura InfoRapArt; "Zâmbet" și "Lacrimă", editura Artpress Timișoara; "Îmbrățisări stelare" (Vol.2), editura PIM; "Pe urmele lui Goga - Tradiții și obiceiuri românești", editura InfoRapArt;

• În anul 2023: "Lumină din Lumină" Antologie de paști, editura Cervantes; "Mirajul iubirii… Misterul trădării…" (Vol. IV), editura PIM; "Parfumul clipei - Antologie literară XX", editura PIM; "Pe bolta verii stele literare" (Vol. 3), editura PIM; "Tărâmul frunzelor călătoare", Haiku anthology ediția a-II-a, editura Cervantes; "Columna Iubirilor Eterne", editura LUCVAL& KEN; "Răvașe în sticluțe pe frunze arămii" (vol. V), editura PIM; "Prin verile aurii - Mozaic literar", editura PIM;

• În anul 2024: "Din dor de Eminescu" ediția a 4-a, editura Cervantes; "Columna iubirilor eterne", editura LUCVAL&KEN.

În prezent, autoarea are deja în lucru alte proiecte literare.

***

About The Author

Daniela Topîrcean, a graduate of Lucian Blaga University in Sibiu, with Bachelor degree in engineering, became a member of the Society of Romanian Writers in January 2023.

Passionate about poetry since high school and college, she published part of her poems in her first volume of poems, "Ferestre - poeme de iubire", a volume that saw the light in March 2021, at the Letras Publishing House, followed by its English version "Windows open to Love". In November 2023, she published the volume "Aripi de Phoenix" at the PIM Publishing House, which also published the haiku volume "Anemone de Opal" in March 2024. In 2024 she has published trilingual volume "Petals - Haiku Poems I" and "Butterflies - Haiku Poems II" on Amazon and bilingual volumes "Dansuri Subtile - Poeme de iubire I", "Şoapte din Lumină - Poeme de iubire II", "Din Templul inimii" - Poeme de iubire III, "Flori de Lumină - Poeme de Iubire IV" on Draft2Digital.

 From 2020, she became a collaborator of the Spanish platform Masticadores, publishing her creation both in Romanian and in English, on two of the platform's blogs: MasticadoresRomania and GobblersMasticadores.

Starting from the year 2022, she became a collaborator of the magazines "Luceafărul din Vale", "Inimă de român", "Revista vitrina cu poezii", "Amprentele sufletului", "Cervantes International" and "Steaua Dobrogei".

From October 2022, she started publishing haiku poems on social media platforms, in various Romanian and international literary groups. The appreciation of the poems is reflected by the awards received for some of them, their publication in magazines and genre publications, and their translation into Japanese. Since 2023, she is present with haiku poems in the supplement of the magazine "Surâsul Bucovinei" and in the magazine "72 de Anotimpuri".

She also became a collaborator of some literary anthologies, as follows:

• In 2022: "Insomnii stelare" (Vol.2), PIM Publishing House; "Pe urmele lui Goga - Antologie", InfoRapArt Publishing House; "Zâmbet" și "Lacrimă", Artpress Timisoara Publishing House; "Îmbrățisări stelare" (Vol.2), PIM Publishing House; "Pe urmele lui Goga - Tradiții și obiceiuri românești", InfoRapArt Publishing House;

• In 2023: "Lumină din Lumină" Antologie de pași, Cervantes Publishing House; "Mirajul iubirii… Misterul trădării…" (Vol. IV), PIM Publishing House; "Parfumul clipei - Antologie literară XX", PIM Publishing House; "Pe bolta verii stele literare" (Vol. 3), PIM Publishing House; "Tărâmul frunzelor călătoare", Haiku anthology ediția a-II-a, Cervantes Publishing House; "Columna Iubirilor Eterne", LUCVAL& KEN Publishing House; "Răvașe în sticluțe pe frunze arămii" (vol. V), PIM Publishing House; "Prin verile aurii - Mozaic literar," PIM Publishing House;

• In 2024: "Din dor de Eminescu" ediția a 4-a, Cervantes Publishing House; "Columna iubirilor eterne", LUCVAL&KEN Publishing House.

The author is already working on other literary projects.

***